Eva Lezzi

Beni, Oma und ihr Geheimnis

Mit Illustrationen von Anna Adam

HENTRICH & HENTRICH

Schabbat

Dieses Wochenende verbringt Beni bei seinen Großeltern. Er ganz allein. Ohne Mama, ohne Papa, ohne seine große Schwester Tabea. Beni hat sich die ganze Woche darauf gefreut. Jetzt sitzt er auf dem hohen Barhocker in der Küche und lässt seine Beine baumeln. Es ist Freitagnachmittag und die Oma bereitet das Essen für Schabbat vor. Beni schaut ihr zu. Oma hat ein großes Stück Fleisch gewürzt und brät es in einem Topf an. Aus dem Topf steigt Dampf und zieht über ihr Gesicht. Oma fängt an zu singen. Sie singt ein Chanukka-Lied, obwohl es doch schon Frühling ist, und Chanukka längst vorbei. Oma stört das nicht. Chanukka-Lieder sind eben ihre Lieblingslieder, also singt sie sie, wann immer sie will. Im Sommer und im Winter, im Herbst und im Frühling, morgens, mittags und abends. Und sie singt sie nicht nur in Jiddisch und Hebräisch, wie bei Beni zu Hause oder auf seinen Chanukka-CDs, sondern in allen Sprachen, die sie kennt, also auch in Deutsch, Polnisch, Französisch und Englisch. Schwupp-di-wupp übersetzt sie sich die Lieder selbst in die Sprache, auf die sie gerade Lust hat. Beni summt mit. Er kennt die Melodie, die bleibt in allen Sprachen gleich.

Oma schiebt den Braten in den Backofen und wäscht die Kartoffeln. Dann sucht sie einen Kartoffelschäler. Sie sucht ihn in der Besteckschublade, auf dem Tisch und unter dem Tisch, auf der Geschirrablage und im Spülbecken, im Geschirrschrank, in der Vorratskammer und im Kühlschrank. Beni kennt das schon: Oma verliert immer alles und muss daher immer irgendetwas suchen. Eben musste sie sogar den Bräter für das Fleisch suchen, obwohl er doch ganz richtig bei den anderen Töpfen und Pfannen stand. Beni rutscht von seinem Stuhl und hilft ihr bei der Suche. Schließlich findet er den Kartoffelschäler auf der Fensterbank zwischen den Kräutertöpfen. Oma küsst ihn. „Siehst du, Beni, gut, dass du da bist, was tät ich nur ohne dich!" Oma schält

die Kartoffeln und Beni schneidet sie. Er schneidet größere und kleinere Stücke. „Macht nichts!", sagt Oma. „Wo steht geschrieben, dass alle Kartoffelstücke gleich groß sein müssen? Du kannst sie schneiden, wie du willst." Da schneidet Beni eine kugelrunde Kartoffelkugel und einen Fisch und ein Herz. „Schau mal, Oma. Ich kann sogar Männchen schneiden!", ruft er. „Und hier, diese Frau mit dem Rock, das bist du!" „Ach ja, seh ich so aus?", fragt Oma und lacht.

Opa kommt aus seinem Zimmer, um den Tisch zu decken. Er breitet eine weiße Tischdecke aus und stellt die beiden Schabbatleuchter mit den Kerzen in die Mitte. „Wo ist Benis Kippa?", fragt er die Oma. Aber sie weiß es auch nicht und durchwühlt die Schublade mit den Tischdecken und den Servietten. „Hat dir Mama denn keine mitgegeben?", fragt sie Beni. Aber seine Mutter gibt ihm nie eine Kippa mit, und das weiß Oma doch eigentlich. Bei Oma und Opa hat Beni sowieso mindestens drei Kippot, aber nun sind alle verschwunden. „Komm Fella", sagt Opa, „lass die Sucherei, das Essen verkocht sonst noch. Beni kann eine Kippa von mir haben." Opa gibt Beni eine Kippa, die so groß ist, dass sie seinen halben Kopf bedeckt und nicht einmal mit einer Klammer festgemacht werden muss. Aber sie gefällt Beni nicht. Sie ist schwarz und ganz ohne Verzierung.

Oma, Opa und Beni stellen sich an den gedeckten Tisch. Oma zündet die Kerzen an, hält ihre segnenden Hände ins Kerzenlicht und betet. „Amen" sagen alle drei zusammen. Dann gießt Opa den Wein ein und segnet ihn. Beni darf auch einen Schluck davon trinken, und er darf die Challe brechen, Salz auf die Stücke vom Zopfbrot streuen und sie an alle verteilen. Mmmhh, lecker, die Challe schmeckt wunderbar! Zu Hause feiert Beni eigentlich nie Schabbat, obwohl auch seine Mutter am Freitagabend meistens zwei Kerzen anzündet. Dabei erzählt sie jedoch weiter von ihrer Arbeit oder diskutiert lauthals mit Papa über irgendetwas. Manchmal sagt Papa zu ihr: „Ruth, reg dich nicht so auf, es ist Schabbat." Dann lachen beide, weil es mal wieder der Papa ist, der an Schabbat erinnert, obwohl Papa doch gar nicht jüdisch ist. „Du hast ja recht!", sagt Mama und versucht für fünf Minuten ein feierliches Gesicht zu machen.

Der Geburtstagsbrief

Nach dem Essen wollen Beni und Oma das Bild mit dem riesigen Segelschiff, das Beni der Oma kürzlich zum Geburtstag geschenkt hat, gemeinsam aufhängen. Das Schiff ist ein Piratenschiff und hat drei schwarze Fahnen mit Totenköpfen drauf, und ganz oben auf der Spitze vom höchsten Mast sitzt ein grüner Papagei mit aufgesperrtem Schnabel. Der Papagei ist Beni ganz besonders gut gelungen, und jetzt ärgert er sich umso mehr, dass Oma das Bild nicht finden kann. Sie durchwühlt die Zeitungsablage neben dem Sofa. „Oma hat mein Bild doch nicht etwa zu den alten Zeitungen geschmissen?!", denkt Beni, „das schöne Bild!" Dann sucht Oma das Bild in den großen Papierstapeln auf dem Couchtisch. Sie sucht es zwischen ausgeschnittenen Zeitungsartikeln, Quittungen, Büchern, Notizzetteln, alten Kinokarten und Postkarten aus aller Welt. Aber sie findet die Zeichnung nicht. Stattdessen entdeckt Oma einen Geburtstagsbrief von ihrer Freundin Lucie.

„Setz dich doch zu uns, Oskar", ruft Oma in Richtung Küche, „ich muss euch unbedingt diesen Brief vorlesen." Sie liest den Brief vor. Oma ist ganz gerührt und wischt sich die Tränen aus den Augen, aber der Brief ist auf Französisch, und Beni versteht kein Wort. Außerdem hätte er viel lieber sein Bild aufgehängt. „Wenigstens mein Bild hätte Oma nicht verlieren dürfen!", denkt er. Beni beobachtet Opas Gesicht. Er sieht genau, dass Opa den Brief schon kennt, er hört nämlich überhaupt nicht richtig zu, sondern guckt so komisch in die Luft, als ob es da etwas zu sehen gäbe. „Vielleicht mach ich in der Schule manchmal auch so ein Gesicht", überlegt Beni. „Und dann fragt Frau Hablützel, ob ich schon wieder träume." Jedenfalls hat Oma bestimmt vergessen, dass sie Opa den Brief schon einmal oder vielleicht sogar schon ganz oft vorgelesen hat. Oma verliert nämlich nicht nur alles, sie vergisst auch ganz viel. Dreimal schon hat sie gefragt, wo denn Tabea an diesem Wochenende steckt, und jedes Mal hat Beni geantwortet, dass sie bei ihrer Freundin Lina übernachtet.

Oma hat den Brief fertig vorgelesen. „Weißt du, Beni", erklärt sie, „als ich so alt war wie du, musste ich vor den Nazis flüchten. Die Nazis waren schon seit ein paar Jahren an der Macht und behandelten uns Juden immer schlechter und noch schlechter. Du weißt ja, sie wollten die Juden sogar alle töten. Also musste ich weg von Berlin." Natürlich weiß Beni das. Oma erzählt oft von früher, dann erinnert sie sich an ganz viele Dinge und vergisst nichts. Beni findet das höchst merkwürdig, obwohl seine Mutter ihm erklärt hat, dass das häufig so sei bei alten Menschen. Sie vergessen, was vor fünf Minuten passiert ist, und erinnern sich an Dinge, die sie vor 70 Jahren erlebt haben.

„Mit meiner Tante Perla, die ich nicht mehr Perla nennen durfte, sondern Nicole", erzählt Oma weiter, „habe ich in Südfrankreich in einem Dorf bei einer Bauernfamilie gelebt. In dem Dorf habe ich Lucie kennen gelernt. Lucie war meine beste Freundin. Aber nicht einmal Lucie durfte wissen, dass ich Jüdin bin. Sonntags sind Nicole und ich mit ihr und allen Leuten vom Dorf in die Kirche gegangen. Wir durften keinen Schabbat und keine jüdischen Feste mehr feiern. Trotzdem hatte ich immerzu Angst, dass jemand rausfindet, wer wir sind, und uns aus dem Dorf wegjagt, oder dass die Nazis bis nach Südfrankreich kommen und uns doch noch finden."

„Genug jetzt", sagt Opa, „der Junge kann sonst heute Nacht nicht schlafen. Sie haben euch Gott sei Dank nicht gefunden, und schließlich war der Krieg vorbei, und du kamst zurück zu deinem Vater nach Berlin, und ein paar Jahre später kam auch ich aus England zurück. Hier haben wir uns kennen gelernt, und ich hab dich geküsst im Tiergarten, und wir haben geheiratet, und Perla hat dir ein wunderschönes Hochzeitskleid genäht."

Opa gibt Oma einen Kuss fast so wie damals im Tiergarten, und dann streicht er Beni übers Haar und gibt auch ihm einen Kuss. Opa erinnert sich nicht gerne an die

Zeit der Nazis. Beni weiß aber, dass Opa mit vielen anderen jüdischen Kindern aus Deutschland auf einem großen Schiff nach England geflüchtet ist. Und dass seine Mama und sein Papa und seine kleine Schwester von den Nazis getötet wurden.

„Lass uns Mensch-ärgere-dich-nicht spielen", schlägt Opa vor, weil er genau weiß, dass „Mensch-ärgere-dich-nicht" Benis Lieblingsspiel ist. Sie spielen drei Runden, zwei davon gewinnt Beni und eine gewinnt Oma. Schließlich sagt Opa: „Es ist schon spät. Schau, die Schabbat-Kerzen sind niedergebrannt. Zeit, schlafen zu gehen."

Die Rennbahn

Am nächsten Tag regnet es. Beni und Opa sitzen auf dem Sofa, Opa liest Zeitung und Beni sein Buch mit Piratengeschichten. Beni hat die Füße unter Opas Oberschenkel gesteckt, da ist es schön warm. Es ist ultragemütlich so zu sitzen und dabei das Rascheln von Opas Zeitung, draußen den Regen und aus der Küche Omas Singen und Geschirr-Geklappere zu hören.

Als aber Oma und Opa nach dem Mittagessen erklären, dass sie jetzt einen Mittagsschlaf machen, findet Beni sein Wochenende bei den Großeltern nicht mehr ultragemütlich, sondern stinklangweilig. Er hat nun wirklich keine Lust mehr auf sein Piratenbuch! Wenn er doch nur zu Hause wäre und seine Rennbahn aufbauen könnte! Und am liebsten würde er sogar Tabea mitspielen lassen, obwohl sie dann immer Streit bekommen um das rote Rennauto, das ein ganz kleines bisschen schneller fährt als das grüne und das blaue. Da fällt Beni die Kiste mit den Autos ein, die im Kinderzimmer steht. Beni schleppt die Autokiste ins Wohnzimmer. Mit dem größten Buch, das er im Bücherregal finden kann, baut er eine Rennbahn-Sprungschanze. Zuerst müssen die Autos oben auf dem Esstisch drei Runden im Kreis sausen und dann über das schräg an den Tisch gelehnte Buch runter auf den Stuhl, mit Schwung durch die Öffnung in der Stuhllehne, und schließlich fliegen sie durch die Luft und landen auf dem Sofa. Wenn die Autos besonders schnell sind, schaffen sie zwischen Stuhl und Sofa sogar einen Looping. Jetzt ist der gelbe Ford dran: Dreimal um den Tisch, mit Karacho über das Buch und – „Yeah!" schreit Beni, der rasende Reporter: „Ein Doppellooping!" Das Auto landet jedoch nicht auf dem Sofa, sondern hinter dem Blumentopf mit dem großen Kaktus, der neben dem Sofa steht. Beni versucht, das Auto mit lang ausgestrecktem Arm wieder hervorzuangeln, verliert jedoch das Gleichgewicht und stößt gegen den Kaktus, der mit einem lauten

Krabum umfällt. Zum Glück zerspringt der Topf nicht, aber die Erde kullert über den Teppich und eine Blüte ist abgeknickt. Und dabei hat Opa Beni die großen rosa Blüten heute Vormittag noch voller Stolz gezeigt und ihm erklärt, wie selten und wie kurz Kakteen blühen.

Beni versucht, den Topf wieder aufzurichten, aber alleine schafft er es nicht. Da kommt zum Glück Oma, die vom Lärm aufgewacht ist, und hilft Beni, den großen Kaktus wieder hinzustellen. Zusammen kehren sie die Erde auf und versuchen, sie an den Stacheln vorbei zurück in den Topf zu bugsieren. Das ist gar nicht so einfach und immer wieder bröselt ein Teil der Erde zurück auf den Teppich. Auf einmal hören sie Opas Stimme: „Was macht ihr denn da? Was habt ihr mit meinem Kaktus angestellt?" Opas Stimme klingt sehr ärgerlich und seine Stirn zieht sich über den Augenbrauen zu steilen Falten zusammen. „Na ja", meint Oma, „das tut uns wirklich leid mit dem Kaktus, aber unser Rennauto hat einen Doppellooping mit angehängtem Rückwärtssalto gemacht und ist dabei gegen den Kaktus gestoßen." Beni schaut seine Oma ganz verwundert an, sie war doch gar nicht dabei beim Doppellooping, aber sie zwinkert ihm zu und da nickt Beni heftig, ja, so war es, so ist der Kaktus leider umgekippt. „Hm, so, so", brummt Opa und hilft den beiden, wieder Ordnung zu schaffen.

Zwei unterschiedliche Socken

Endlich hat es aufgehört zu regnen, und die drei machen einen Spaziergang. Besser gesagt: Oma und Opa spazieren, und Beni fährt auf seinem Skateboard vor ihnen her und wieder zu ihnen zurück. Opa warnt ihn: „Fahr bitte vorsichtig! Fahr nicht so schnell. Du wirst noch hinfallen und dir etwas brechen." Aber seine Warnungen sind gar nicht nötig. Beni trägt doch seine Knieschoner und die Ellbogenschoner und seinen Helm, und außerdem ist er ein wundertoller Skateboardfahrer, der so gut wie nie stürzt. In der Nähe gibt es einen großen Platz, der sich bestens zum Skateboardfahren eignet. Beni zeigt Oma und Opa sein neuestes Kunststück. Ohne abzubremsen dreht er das Brett mit einem Fuß, setzt den anderen Fuß wieder vorne drauf und fährt in umgekehrter Richtung zurück. Dabei muss Beni mit seinen ausgestreckten Armen ganz sorgfältig balancieren und gut in die Knie gehen. Kurz vor Oma und Opa macht Beni eine Vollbremsung und springt vom Brett. „Bravo, Beni!", ruft Oma und klatscht begeistert in die Hände. Am liebsten würde sie auch einmal Skateboard fahren, aber Opa verbietet es ihr: „Ein Doppellooping mit Rückwärtssalto am Tag reicht mir!" Also fährt Beni alleine wieder los und brettert durch eine Pfütze, dass es nur so spritzt.

Oma und Opa fangen an zu frieren und schlagen vor, etwas Heißes zu trinken. Daher gehen alle zusammen in das kleine Café am Platz. In dem Café sitzen viele Leute. Oma und Opa begrüßen einen Mann, der im gleichen Haus wohnt wie sie, und bewundern das Baby auf seinem Schoß. Dann setzen sie sich an den einzigen Tisch, der noch frei ist. Um zu den dreien zu gelangen, muss sich die Kellnerin am Kinderwagen vorbeischlängeln und außerdem Leute bitten, ihre Stühle zu rücken. Oma und

Beni bestellen Kakao mit Sahne und Opa einen schwarzen Kaffee. Als die Kellnerin die Getränke bringt, möchte Oma doch lieber einen Tee und behauptet, sie hätte nie Kakao bestellt. „Das ist nicht wahr", schimpft die Kellnerin, und schaut dabei abwechselnd zu Oma, Opa und Beni. Opa beruhigt die Kellnerin und überredet Oma, doch den Kakao zu nehmen. Weil die Kellnerin und Oma streiten, gucken einige Leute in dem Café zu ihnen hinüber. Eine Frau flüstert einer anderen Frau etwas ins Ohr und zeigt dabei auf Omas Beine. Beni schaut auch hin. Oma trägt einen dicken roten Kniestrumpf aus Wolle mit einem Zopfmuster und am anderen Bein eine viel kürzere und dünnere grüne Socke. Die Socken trägt sie über einer Seidenstrumpfhose, die eine große Laufmasche hat.

„Was starren die beiden Frauen so?", fragt Oma laut und verärgert. „Damals, als die Juden aus ihren Häusern geholt wurden, haben sie doch sicherlich auch nicht hingesehen. Genauso wenig wie alle anderen, die immer behaupten, von den Deportationen nichts gewusst zu haben."

„Reg dich nicht so auf, Fella", sagt Opa leise. „Wir wissen doch gar nicht, wie alt die beiden sind, vermutlich waren sie damals noch Kinder wie wir."

„Vielleicht, vielleicht aber auch nicht", antwortet Oma bissig. „Und weggeguckt haben sie in jedem Fall. Außerdem gibt es hier in Berlin auch heute noch genug Antisemiten und Neonazis, das weißt du so gut wie ich." Oma, Opa und Beni trinken aus und verlassen das Café so schnell wie möglich.

Draußen guckt Beni wieder auf Omas Beine. Über der Strumpfhose trägt Oma einen braun-karierten Wollrock. „Aber Oma", traut er sich zu sagen, „deine Strümpfe passen wirklich nicht zusammen und auch nicht zu deinem Rock. Das sieht irgendwie peinlich aus." „Ach Beni", antwortet Oma, „ich wollte euch doch nicht noch länger warten lassen. Immer muss ich passende Socken suchen und meinen Geldbeutel und meine Brille und meinen Hausschlüssel, und immer muss Opa auf mich warten."
Auf einmal ist Oma ganz still und traurig, und Beni nimmt ihre Hand und klemmt sich das Skateboard unter den anderen Arm.

Der verlorene Rucksack

Nach dem Abendessen wäscht Opa das Geschirr, und Oma und Beni sitzen auf dem Sofa und schwatzen über dies und das. Plötzlich fragt Oma: „Sag mal, Beni, findest du es wirklich so schlimm, wenn deine Oma mit zwei verschiedenen Strümpfen rumläuft?"

Die Frage überrascht Beni. Er hat gehofft, Oma würde seine Bemerkung über ihre peinliche Kleidung in Nullkommanichts wieder vergessen. Und jetzt weiß Beni nicht recht, was er antworten soll, ohne Oma wieder so traurig zu machen. „Na ja", sagt er schließlich, „andere Omas laufen nicht so rum."

„Andere Omas vielleicht nicht", antwortet Oma, „aber, ... aber Pippi Langstrumpf!"

„Pippi Langstrumpf zählt nicht.", widerspricht Beni. „Pippi Langstrumpf ist aus einer Geschichte. Außerdem hat Pippi Langstrumpf ein Pferd."

„Ich hab auch ein Pferd", behauptet Oma. „Ich kann es nur grad nicht finden." Oma und Beni lachen sich kringelig und singen: „Ich kann grad mein Pferd nicht finden. Ich kann grad meinen Affen nicht finden. Ich kann grad meine Villa Kunterbunt nicht finden." Und jetzt traut sich Beni sogar, Oma etwas zu fragen, was er schon lange wissen möchte: „Oma", fragt er, „wieso verlierst du immer alles?"

„Ich bin eben alt und vergesslich. Und dann vergess ich immer, wohin ich was gelegt hab und muss es suchen, und vor lauter Suchen leg ich wieder was anderes an einen falschen Platz, und immer so weiter."

„Aber Mama sagt, dass du früher, als du noch jung warst, deine Sachen auch immer nicht gefunden hast. Wenn ich mein Zimmer mal nicht aufräume, schimpft sie:

„Hier sieht es ja aus wie bei Oma, ich hoffe, sie hat dir ihr Chaos nicht vererbt."

„Ach, deine Mutter!", antwortet Oma. „Die ist so ordentlich und langweilig wie ein passendes Paar graue Socken. Deine Mama denkt, man kann im Leben immer alles ordnen und sortieren und besprechen und eine Lösung finden. Aber so ist es nicht. Es gibt Dinge, die kann man nicht ändern, die sind eben so, wie sie sind."

Oma schweigt und denkt nach, dann fährt sie fort: „Eigentlich habe ich nur einmal im Leben etwas wirklich wichtiges verloren, etwas, das ich so gern wieder finden würde. Als ich aus Berlin flüchten musste, haben mir meine Mama und mein Papa einen kleinen Rucksack gepackt und mich zu einer Frau gebracht, die ich nicht einmal kannte. Dann musste ich mich von Mama und Papa verabschieden, und wir haben alle drei furchtbar geweint. Die Frau ist mit mir im Zug bis nach Paris gefahren, und dort hat sie mich bei meiner Tante Perla abgegeben. Tante Perla hat zu mir gesagt, ich solle sie ab jetzt Nicole nennen, damit alle denken, sie sei Französin und außerdem keine Jüdin. Und ich durfte nicht mehr Fella heißen, sondern wurde Beatrice genannt.

Dann kamen die Nazis sogar bis nach Paris, und wir mussten weiter nach Südfrankreich flüchten. Wir fuhren stundenlang in einem Zug, der ganz voll gestopft war mit Menschen. Im Zug habe ich meinen kleinen Rucksack verloren. Nicole und ich haben ihn überall gesucht, so gut es ging zwischen all den Menschen und den Gepäckstücken. Aber wir haben ihn nicht wieder gefunden. In dem Rucksack waren mein Teddy, meine rote Strickjacke, mein Lieblingsmärchenbuch und ein kleines Fotoalbum mit Fotos von meinen Eltern und von mir. Als ich nach dem Krieg zurückkam nach Berlin, war meine Mama weg. Deportiert. Ermordet."

Beni macht sich ganz klein auf dem Sofa, er zieht seine Beine hoch und umklammert sie mit beiden Armen. Oma schaut ihn an und streichelt ihm über den Kopf. „Ach Benile", sagt sie, „das ist lange her. Komm, wir helfen dem Opa in der Küche."

Aber Opa ist längst fertig mit dem Abwasch und sitzt an seinem Computer. Beni und Oma holen ihn zu sich ins Wohnzimmer, und Beni bringt das rote Fotoalbum aus dem Kinderzimmer und setzt sich damit zwischen Oma und Opa. Beni liebt dieses

Album mit den vielen Fotos von Mama und ihren beiden Brüdern als Kinder und schaut es sich fast immer an, wenn er Oma und Opa besucht. Oma ist noch ganz jung auf den Fotos und spielt mit der kleinen Ruth und mit Jakob und Micha Ball. Auf einem anderen Bild sitzen viele Menschen um einen großen Tisch herum und essen. Beni entdeckt Oma und Opa, Micha, Jakob und Ruth. Mama trägt eine weiße Schleife im Haar und ein weißes Röckchen. Die anderen Leute auf dem Bild kennt Beni nicht. „Hier feiern wir den Seder-Abend. Das muss an Pessach, hm, warte, ich glaube an Pessach 1969 gewesen sein", erklärt Opa und erzählt, wer all die Menschen auf dem Bild sind. „Schau, und hier bin ich mit Lucie in Frankreich am Meer!", ruft Oma beim Weiterblättern plötzlich. „Und hier besucht sie uns in Berlin."

Das wiedergefundene Bild

In dieser Nacht träumt Beni, dass er ganz alleine in einem Zug sitzt, der durch ein fremdes Land rast. Es ist dunkel im Zug und Beni muss seinen Schulranzen suchen, kann ihn aber nicht finden, obwohl er mit einer Taschenlampe in alle Ecken und Ritzen des Waggons leuchtet. Plötzlich entdeckt er den Schulranzen über sich, er ist riesig groß geworden und kann offensichtlich fliegen, und da öffnet sich sein Deckel und alle Hefte und Stifte und Bücher und das Pausenbrot und ein angebissener Apfel und die Fußballbildchen und sonst noch allerlei purzeln heraus und wirbeln im Zug herum. Aber noch immer wächst der Schulranzen, drohend öffnet und schließt er seinen Deckel und fliegt immer näher auf Beni zu. Hilfe! Er will Beni fressen! Beni wacht schreiend auf. Da kommt seine Oma angerannt und nimmt ihn in den Arm.

„Benjamin, Beni, Benile, Benjaminschko", flüstert sie, „es ist alles gut, du hast nur schlecht geträumt. Es ist alles gut. Komm zu uns rüber und schlaf bei uns weiter." Oma hilft Beni aus dem Bett, nimmt ihn an der Hand und mit der anderen Hand nimmt sie Benis Kuschelelefant und so tapsen sie über den Flur zum Schlafzimmer von Oma und Opa. Beni klettert auf das große Bett und legt sich in die Matratzenkuhle zwischen die beiden. Opa riecht nach Rasierwasser und nach Opa und Oma nach Seife und Crème und eben nach Oma, und ihr Nachthemd ist flauschig weich und liegt an Benis Wange, und Benis Elefant liegt in seinem Arm, und schon schläft er wieder ein.

Als Beni aufwacht, schnarchen Oma und Opa links und rechts von ihm. Cho-tschü, cho-tschü, macht Opa ganz laut, und chr-chr-chr macht Oma etwas leiser. Beni ist

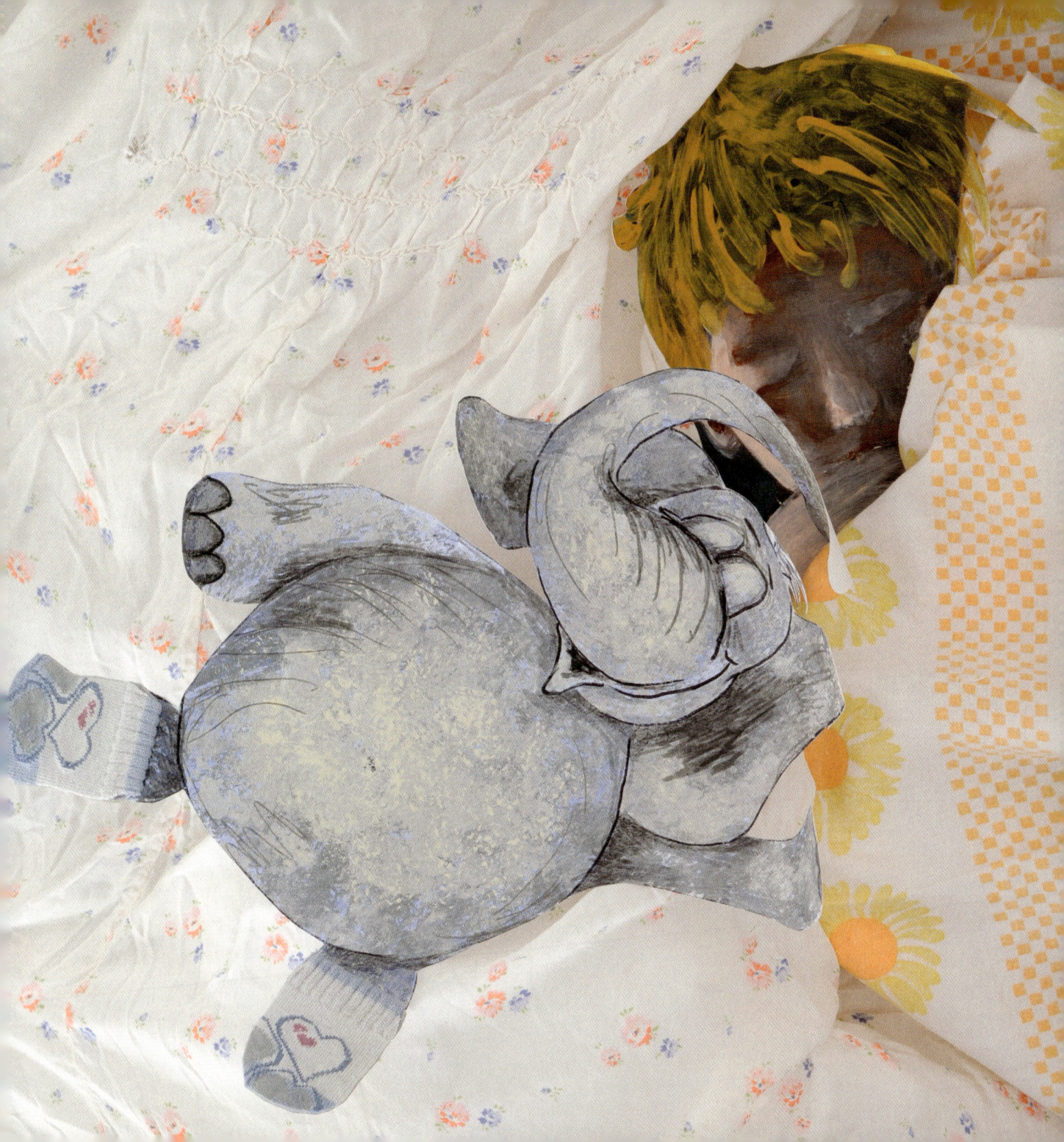

langweilig, also klettert er aus dem Bett und schleicht leise zu Opas Schreibtisch. Er setzt sich auf den Drehstuhl, zündet die Schreibtischlampe an und tippt auf der Computertastatur herum. Schade, dass er den Computer nicht einschalten darf. „Dann schreibe ich eben von Hand", denkt Beni und sucht ein leeres Blatt Papier und einen Stift. Aber plötzlich entdeckt er etwas Buntes, das zwischen einem Stapel von bedruckten Papieren hervorlugt. Was ist das denn bloß? Beni zieht das Papier ganz heraus und ruft: „Oma, Opa, mein Bild, mein Bild, hier ist es!" Oma und Opa wachen auf und schauen etwas verwirrt im Zimmer herum. „Mein Bild, mein Bild", ruft Beni noch einmal und hält das Piratenschiff in die Höhe. „Ach ja, stimmt", erklärt Opa, „ich habe es extra dort hingelegt, weil Oma doch immer alles verkruschtelt." Oma lacht: „Und da wundert ihr euch, dass ich immer alles suchen muss, wenn doch Opa einfach meine Sachen versteckt!"

Auf der Stelle hängen sie das Bild im Wohnzimmer auf. „Es ist das allerschönste Bild, das ich jemals geschenkt bekommen habe", sagt Oma und streicht Beni über den Kopf. Dann machen sich die drei noch im Schlafanzug und im Nachthemd ein großes Frühstück mit Croissants und Spiegeleiern.

Das Geheimnis

Plötzlich klingelt es und Mama steht an der Tür. Beni springt ihr in die Arme, und sie wirbelt mit ihm im Kreis herum und sagt immerzu: „Hallo, mein Großer, hallo, mein Großer." Mama bekommt eine Tasse Kaffee, und Beni erzählt, dass er mit Oma und Opa das Fotoalbum angeschaut hat mit den Fotos, auf denen Mama, Jakob und Micha noch Kinder sind, auf einigen Bildern sogar jünger als Beni heute! „Da fällt mir ein, Ruthi", unterbricht Oma, „Jakob hat mir kürzlich ein Buch, ich glaube einen Reiseführer über Griechenland, für dich dagelassen. Moment, ich hol es schnell!"

Aber Oma sucht das Buch vergeblich. Sie sucht es in ihren Papierstapeln auf und neben dem Couchtisch, im Bücherregal und neben dem Fernseher, sie sucht es im Schlafzimmer und sogar im Küchenschrank und in der Besenkammer. Beni sucht das Buch auf Opas Schreibtisch, und auch Mama und Opa suchen mit, aber keiner findet ein Buch über Griechenland.

„Ach, Mama", seufzt Benis Mama, „dein Chaos, dein ewiges Chaos, und jetzt kommt auch noch deine Vergesslichkeit hinzu. Kannst du dir nicht wenigstens jetzt eine vernünftige Ordnung angewöhnen?"

„Mama, du hast doch keine Ahnung!", mischt sich Beni ein. „Es kann nicht immer alles ordentlich sein im Leben." Seine Mutter schaut ihn ganz erstaunt an und sagt nichts mehr. Beni zwinkert Oma zu und sie zwinkert ihm zurück und lächelt. Dann zieht Oma Beni zu sich heran und flüstert ihm etwas ins Ohr. Beni guckt auf Mamas Beine, die in langweiligen, grau gemusterten Socken stecken, und beide lachen. „Was habt ihr denn für Geheimnisse, ihr beiden, was gibt es denn zu flüstern und zu lachen?", fragt Mama irritiert, aber Beni und Oma lachen nur noch mehr und erzählen nicht, warum.

„Wir müssen aufbrechen", meint Mama schließlich. „Komm, zieh dich rasch an, mein Schatz. Papa und Tabea sind bestimmt schon zu Hause." Beni zieht sich an und

packt seinen Schlafanzug, die Zahnbürste, den Kuschelelefanten und das Piratenbuch in seinen Rucksack, während Mama das Skateboard im Kofferraum verstaut. Opa reicht ihr die Knie- und Ellbogenschoner und den Helm. „Fahr vorsichtig!", sagt er, „und ruf an, sobald ihr zu Hause seid!" Und Mama antwortet: „Mach dir doch bitte keine Sorgen!" Dann umarmen sich alle zum Abschied, und Beni winkt noch so lange aus dem offenen Autofenster, bis er Oma und Opa hinter den Häusern und Bäumen nicht mehr sehen kann.

Während der Rückfahrt will Mama immer noch wissen, worüber er und Oma so gelacht haben. Aber Beni verrät es nicht, das ist sein und Omas Geheimnis!

Glossar

Schabbat (hebr. „ruhen"): bezeichnet den siebten Tag der Woche als „Ruhetag". An diesem Tag erinnern wir uns an das Ruhen Gottes am siebten Tag der Schöpfung der Welt. Wie alle jüdischen Feiertage beginnt und endet der Schabbat mit dem Sonnenuntergang, das heißt er beginnt am Freitagabend und endet am Samstagabend.

Chanukka (hebr. „Einweihung"): ist ein achttägiges jüdisches Fest, das an die Rückeroberung und Wiedereinweihung des Tempels von Jerusalem im Jahr 163 vor unserer Zeitrechnung erinnert. Chanukka wird im Winter gefeiert. Die Kinder erhalten kleine Geschenke, es werden in Öl zubereitete Leckereien gegessen, Spiele mit dem Dreidel (Kreisel mit hebräischen Buchstaben) gespielt, Lieder gesungen und Chanukka-Kerzen angezündet. Jeden Abend brennt eine Kerze mehr in der Chanukkia, dem achtarmigen Leuchter.

Kippa (Mehrzahl: Kippot): kleine runde Kopfbedeckung, die traditionelle Juden ständig tragen, andere nur beim Gebet, beim Aufsuchen heiliger Orte oder beim Studium heiliger Texte. In jüdischen Gruppen, denen die Gleichberechtigung von Männern und Frauen wichtig ist, setzen heute auch einige Frauen eine Kippa auf.

Challe (oder Challa): Zopfbrot, das am Freitagabend zum Beginn der Schabbatmahlzeit gesegnet und gegessen wird. Damit danken wir Gott, dass er das Korn und somit unsere Nahrung geschaffen hat.

Nazis: Kurzform für Nationalsozialisten, das heißt für die Anhänger der von Adolf Hitler begründeten Bewegung, die von 1933 bis 1945 die Politik Deutschlands bestimmte und 1939 mit dem Angriff auf Polen den Zweiten Weltkrieg auslöste. Die Nationalsozialisten waren Antisemiten und haben die Vertreibung der Juden aus Deutschland zu ihrem Programm erklärt. Während des Zweiten Weltkrieges ermordeten sie die Juden aus Deutschland und den anderen europäischen Ländern, die die deutsche Armee besetzt hatte.

Deportation: Zwangsweise Verschickung von Menschen aus ihrer Heimat. Im Nationalsozialismus wurden Juden, politische Gegner und andere Gruppen, mit denen die Nationalsozialisten nicht einverstanden waren, in Konzentrationslager und ab dem Frühjahr 1942 in so genannte „Vernichtungslager" deportiert.

Antisemiten: Judenfeinde, die die Juden für geringer erachten als andere Menschen und Theorien erfunden haben, die dies scheinbar wissenschaftlich begründen. Antisemiten gab es bereits im 19. Jahrhundert.

Neonazis: Anhänger der nationalsozialistischen Bewegung, die die Politik und Ideologie der Nationalsozialisten richtig finden und sogar ihre Kriegsverbrechen und die Ermordung der Juden verteidigen. Auch heute noch üben Neonazis Anschläge auf Ausländer und Juden aus.

Seder (hebr. „Ordnung"): feierliches Essen am ersten oder an den ersten beiden Abenden von Pessach. Während des Seders werden verschiedene rituelle Speisen, die an die schwere Zeit der Juden in Ägypten und an ihre Flucht erinnern, in einer genau festgelegten Reihenfolge („Ordnung") gegessen. Dabei lesen wir uns die Pessach-Haggada vor, das heißt die Erzählung vom Auszug der Juden aus Ägypten. Es werden Gebete und Segen gesprochen und viele Lieder gesungen.

Pessach: acht Feiertage (in Israel sieben), die an den Auszug der Juden aus Ägypten und somit an ihre Befreiung aus der Sklaverei erinnern. Beschrieben sind diese Ereignisse in der Bibel im Buch „Exodus". Da die Juden bei ihrem hastigen Aufbruch aus Ägypten keine Zeit hatten, ihren Brotteig aufgehen zu lassen, wird an Pessach nur ungesäuertes Brot, Matze, gegessen.

Eva Lezzi

Geboren in New York und aufgewachsen in Zürich; Studium und Promotion in Berlin. Sie unterrichtet an der Universität Potsdam Germanistik und Jüdische Studien und hat mehrere literaturwissenschaftliche Bücher veröffentlicht. „Beni, Oma und ihr Geheimnis" ist ihre erste Kinderbuchpublikation. Eva Lezzi lebt mit ihrem Mann und ihren Kindern in Berlin.

Anna Adam

studierte in Düsseldorf und Hannover. Ihre Kunst wird in zahlreichen europäischen Museen und Galerien gezeigt. Ihre satirische Ausstellung FEINKOST ADAM© im Jüdischen Museum Franken/Fürth wurde international kontrovers diskutiert. Anna Adam lebt und arbeitet als freie Künstlerin in Berlin.

Unser besonderer Dank gilt der Stiftung Irène Bollag-Herzheimer für ihre großzügige Unterstützung sowie der Leo Baeck Foundation und der Moses Mendelssohn Stiftung.

Die Deutsche Nationalbibliothek verzeichnet diese Publikation in der Deutschen Nationalbibliografie; detaillierte Daten sind im Internet über https://portal.d-nb.de/ abrufbar.

© 2010 Hentrich & Hentrich Verlag Berlin
Inh. Dr. Nora Pester | Wilhelmstraße 118 | 10963 Berlin
info@hentrichhentrich.de | www.hentrichhentrich.de

Fotografien: Thorsten Heideck | Layout: Friederike Hofmann
Lektorat: Christina Links | Druck: druckhaus köthen

1. Auflage 2010 | Alle Rechte vorbehalten | Printed in Germany
ISBN 978-3-942271-07-3